AF468139

ALPHABET FRANÇAIS,

OU

PETIT LIVRE

POUR APPRENDRE A LIRE CORRECTEMENT,

A L'USAGE

DES ENFANS DE L'UN ET DE L'AUTRE SEXE;

PAR M. BORDOT,

AUTEUR DE L'INSTRUCTION DES ENFANS,

ET MEMBRE DE LA SOCIÉTÉ DE GÉOGRAPHIE.

> Il faut savoir bien Epeler
> pour lire correctement.

A PARIS,

CHEZ LECOINTE, LIBRAIRE, QUAI DES AUGUSTINS, N.° 49;

A SEMUR (CÔTE-D'OR),

CHEZ L'AUTEUR, RUE BOURG-VOISIN, N.° 624;

ET CHEZ TOUS LES LIBRAIRES DE FRANCE.

1828.

INTRODUCTION.

AUX ENFANS.

MES CHERS ENFANS,

J'ai composé ce petit Livre pour vous faciliter votre première instruction.

Les principes en sont simples et faciles.

Etudiez-les avec soin pour apprendre à lire correctement.

Que Dieu répande sur vous sa sainte bénédiction !!

A B C D

E F G H

I J K L

M N O P

Q R S T

U V X Y Z.

4. ALPHABET DES MINUSCULES.

a b c d e

f g h i j

k l m n o

p q r s t

u v x y z.

A B C D E F
G H I J K L M
N O P Q R S
T U V X Y Z.

Lettres minuscules Romaines.

a b c d e f
g h i j k l m
n o p q r s
t u v x y z.

 LETTRES CAPITALES ITALIQUES.

A B C D E

F G H I J

K L M N O

P Q R S T

U V X Y Z.

Lettres minuscules italiques.

a b c d e f

g h i j k l

m n o p q r

s t u v x y z.

DE LA PRONONCIATION DES LETTRES.

Cette prononciation simple et naturelle donne eaucoup de facilité pour l'épellation des syllabes, t la lecture des mots.

La figure.	Le nom.	La figure.	Le nom.
a,	a.	n,	ne.
b,	be.	o,	o.
c,	cé.	p,	pe.
d,	de.	q,	qu.
é,	é.	r,	re.
f,	fe.	s,	se.
g,	gé.	t,	te.
h,	he.	u,	u.
i,	i.	v,	ve.
j,	je.	x,	xe.
k,	ke.	y,	y grec.
l,	le.	z,	ze.
m,	me.	&,	et.

On épellera les syllabes et les mots, comme par exemple le mot *fruit : fe, re, u, i, te,* fruit ; et non pas *effe, erre ;*... ainsi de tous les autres mots.

SYLLABES DE DEUX LETTRES

Et qui commencent par une Voyelle.

ab	eb	ib	ob	ub
ac	ec	ic	oc	uc
ad	ed	id	od	ud
af	ef	if	of	uf
ag	eg	ig	og	ug
ah	eh	ih	oh	uh
aj	ej	ij	oj	uj
ak	ek	ik	ok	uk
al	el	il	ol	ul
am	em	im	om	um

SUITE DES SYLLABES DE DEUX LETTRES
Qui commencent par une Voyelle.

an en in on un

ap ep ip op up

aq eq iq oq uq

ar er ir or ur

as es is os us

at et it ot ut

av ev iv ov uv

ax ex ix ox ux

az ez iz oz uz.

SYLLABES DE DEUX LETTRES

Et qui commencent par une Consonne.

ba	bé	bi	bo	bu
ca	cé	ci	co	cu
da	dé	di	do	du
fa	fé	fi	fo	fu
ga	gé	gi	go	gu
ha	hé	hi	ho	hu
ja	jé	ji	jo	ju
ka	ké	ki	ko	ku
la	lé	li	lo	lu
ma	mé	mi	mo	mu

UITE DES SYLLABES DE DEUX LETTRES
Qui commencent par une Consonne.

a né ni no nu

a pé pi po pu

qua qué qui quo quu

ra ré ri ro ru

sa sé si so su

ta té ti to tu

va vé vi vo vu

xa xé xi xo xu

za zé zi zo zu.

SYLLABES DE TROIS LETTRES.

bla	blé	bli	blo	blu
bra	bré	bri	bro	bru
cha	ché	chi	cho	chu
cla	clé	cli	clo	clu
cra	cré	cri	cro	cru
dra	dré	dri	dro	dru
fla	flé	fli	flo	flu
fra	fré	fri	fro	fru
gla	glé	gli	glo	glu
gna	gné	gni	gno	gnu
gra	gré	gri	gro	gru
gua	gué	gui	guo	guu
pha	phé	phi	pho	phu
pla	plé	pli	plo	plu
pra	pré	pri	pro	pru
spa	spé	spi	spo	spu

Suite des Syllabes de trois Lettres.

tra	tré	tri	tro	tru
vra	vré	vri	vro	vru
bal	bec	bis	bon	but
cap	cep	cip	cor	cur
dac	des	dix	dos	duc
far	fer	fil	for	fur
gar	ger	gin	gou	gut
lac	lep	lis	lot	lut
mat	mer	mil	mot	mur
nap	nef	nid	nos	nul
par	per	pic	pot	pur
rat	res	rit	rob	rub
sar	ser	sir	sor	sur
sac	sec	six	son	suc
tar	ter	tir	tor	tur
var	ver	vir	vor	vur.

LES VOYELLES.

Chaque Voyelle forme un son pur et parfait.

a é i o u, y.

LES CONSONNES.

Les Consonnes n'ont aucun son d'elles-mêmes; elles prennent celui des Voyelles qui les accompagnent.

b, c, d, f, g, h, j, k, l, m, n, p, q, r, s, t, v, x, z.

Lettres liées ensemble, et dont on fait souvent usage :

æ œ & ff fi ffi w.

Lettres d'abréviation qui se trouvent dans quelques anciens ouvrages :

(ã) signifie *am*, (ẽ) *em*, (ĩ) *im*, (õ) *om*, (ũ) *um*.

VOYELLES COMPOSÉES.

Ce sont plusieurs Voyelles réunies, et qui ne forment qu'un seul son.

ai,	*ai*gle.	*au*,	*au*teur.
eau,	bat*eau*.	*ei*,	n*ei*ge.
eu,	f*eu*.	*ou*,	gen*ou*.
eui,	s*eui*l.	*oue*,	j*oue*.
ui,	g*ui*de.	*œu*,	*œu*vre.

VOYELLES NASALES.

Voyelles simples, ou composées, suivies de la lettre *m*, ou *n*.

am,	*am*bassade	*en*,	*en*treprise.
em,	*em*pire.	*on*,	*on*cle.
im,	*im*pôt.	*in*,	*in*dustrie.
om,	*om*brage.	*ein*,	c*ein*ture.
aim,	f*aim*.	*ain*,	p*ain*.

La Diphthongue est un son double prononcé dans la même syllabe par une seule émission de voix.

ia, d*ia*cre.	*ié*, amit*ié*.
iè, vol*iè*re.	*io*, v*io*lette.
oi, v*oi*ture.	*ua*, n*ua*ge.

DIPHTHONGUES COMPOSÉES.

La Diphthongue composée se forme d'une voyelle simple avec une voyelle composée.

iai, l*iai*son.	*iau*, best*iau*x.
ieu, mil*ieu*.	*oua*, g*oua*che.
oue, gir*oue*tte.	*oui*, L*oui*s.

DIPHTHONGUES NASALES.

La Diphthongue simple, ou composée, devient nasale quand elle est suivie de la lettre *N* dans la même syllabe.

ian, v*ian*de.	*ien*, gard*ien*.
ion, act*ion*.	*oin*, tém*oin*.
ouan, l*ouan*ge.	*ouen*, R*ouen*.

DE L'*E*.

Il y en a de trois sortes :

L'*é* muet (e), l'*é* fermé (é),
et l'*é* ouvert (è).

L'*é* muet (e), comme dans les mots :

A me, âme.
Bau me, baume.
Can ti que, cantique.
Nais san ce, naissance.

L'*é* fermé (é), comme dans les mots :

Cha ri té, charité.
Fé li ci té, félicité.
Sin cé ri té, sincérité.
Vé ri té, vérité.

L'*é* ouvert (è), comme dans les mots :

Ac cès, accès.
Au près, auprès.
Pro grès, progrès.
Suc cès, succès.

***

La Syllabe est une Voyelle, o seule, ou jointe à d'autres Lettre qui se prononcent par une seul émission de voix.

Monosyllabes ou *Mots d'une seule Syllabe :*

Dieu a tout fait pour nous.

Dissyllabes ou *Mots de de Syllabes :*

Aimons, servons notre Patri

Trissyllabes ou *Mots de trois Syllabes :*

L'honnête Artisan mérit l'estime publique.

Polysyllabes ou *Mots de plusieurs Syllabes :*

Cultivateur intelligent.

Agriculture, Reconnaissanc

MOTS DE QUATRE LETTRES.

Dieu, bien, jour, nuit,
pain, ciel, flot, port,
joie, prix, bout, flux,
main, soir, cour, drap,
chef, roue, vent, brin,
miel, voix, chut, paix.

MOTS DE CINQ LETTRES.

Fleur, grain, choix, temps,
cieux, pluie, bruit, froid,
corps, front, liard, puits,
sueur, trait, claie, seuil,
chaud, jouet, bourg, cours,
doigt, chant, croix, fruit.

ÉPELLATION DE MOTS DE DEUX SYLLABES.

A mi,	ami.
An ge,	ange.
Ar gent,	argent.
Bis cuit,	biscuit.
Bon heur,	bonheur.
Bon té,	bonté.
Char rue,	charrue.
Che vreuil,	chevreuil.
Gâ teau,	gâteau.
Hom me,	homme.
Hon neur,	honneur.
Mou lin,	moulin.
Rai son,	raison.
Tra vail,	travail.
Ver tu,	vertu.

ÉPELLATION DE MOTS DE TROIS SYLLABES.

A bri cot,	abricot.
Ar bus te,	arbuste.
Au ro re,	aurore.
Ba lan ce,	balance.
Can ti que,	cantique.
Cou ron ne,	couronne.
É cri vain,	écrivain.
É ten dard,	étendard.
Feuil la ge,	feuillage.
Guir lan de,	guirlande.
Mo des tie,	modestie.
Or ne ment,	ornement.
Pa ra dis,	paradis.
Ros si gnol,	rossignol.
U ni vers,	univers.

ÉPELLATION DE MOTS DE QUATRE SYLLABES.

A ca dé mie,	académie.
Ac ti vi té,	activité.
Bien veil lan ce,	bienveillance.
Cul ti va teur,	cultivateur.
Dé las se ment,	délassement.
Des crip ti on,	description.
E co no mie,	économie.
E cri tu re,	écriture.
Fé li ci té,	félicité.
Hal le bar de,	hallebarde.
Jar di na ge,	jardinage.
Mé na ge ment,	ménagement.
Nour ri tu re,	nourriture.
Pâ tu ra ge,	pâturage.
Pro me na de,	promenade.
Ré com pen se,	récompense.

ÉPELLATION DE MOTS
DE CINQ SYLLABES.

A do les cen ce,	adolescence.
Af fa bi li té,	affabilité.
A gri cul tu re,	agriculture.
Ap pli ca ti on,	application.
Ap pren tis sa ge,	apprentissage.
Ar chi tec tu re,	architecture.
Bé né dic ti on,	bénédiction.
Cé li ba tai re,	célibataire.
Dé li ca tes se,	délicatesse.
E van gé lis te,	évangéliste.
Gé né ro si té,	générosité.
In tel li gen ce,	intelligence.
Mi sé ri cor de,	miséricorde.
Na vi ga ti on,	navigation.
No men cla tu re,	nomenclature.
Pa ci fi ca teur,	pacificateur.
Tem pé ra tu re,	température.
Vé gé ta ti on,	végétation.

ÉPELLATION DE MOT DE SIX SYLLABES.

Ac cé lé ra ti on, accélération.
Ad ju di ca tai re, adjudicataire.
As su jet tis se ment, assujettissemen
Ca pi tu la ti on, capitulation.
Com mis si on nai re, commissionnair
Com pres si bi li té, compressibilité.
Dé sin té res se ment, désintéressemen
Ec clé si as ti que, ecclésiastique.
Her bo ri sa ti on, herborisation.
In ex ac ti tu de, inexactitude.
In ter ro ga toi re, interrogatoire.
Mé sin tel li gen ce, mésintelligence.
Pa ci fi ca ti on, pacification.
Par ti cu la ri té, particularité.
Re com man da ti on, recommandation

PRONONCIATION DES LETTRES *PH.*

La double lettre *ph* se prononce comme la simple lettre *f.*

Al pha bet,	alphabet.
E lé phant,	éléphant.
Gé o gra phie,	géographie.
Or phe lin,	orphelin.
Pro phè te,	prophète.
Sé ra phin,	séraphin.
Tri om phe,	triomphe.
Zé phyr,	zéphyr.

PRONONCIATION DES LETTRES *TH.*

La double lettre *th* se prononce comme la simple lettre *t.*

Ab sin the,	absinthe.
A can the,	acanthe.
A rith mé ti que,	arithmétique.
Bi bli o thè que,	bibliothèque.
Ca thé dra le,	cathédrale.
La by rin the,	labyrinthe.
Or tho gra phe,	orthographe.
Thé o lo gie,	théologie.

H, MUET.

La lettre *h* est muette, c'est-à-dire qu'elle ne se prononce pas dans les mots : l'*habitant*, l'*héritage*, l'*histoire*, l'*honneur*, l'*humanité*.

H, ASPIRÉ.

La lettre *h* est aspirée, c'est-à-dire qu'elle se prononce sensiblement du gosier dans les mots : le *hanneton*, le *héros*, la *hiérarchie*, la *houlette*, la *huche*.

GN.

On prononce *gn*, comme *gne*.

EXEMPLES :

Magnanimité, campagne, signification, ignorance, encognure.

DES ACCENS.

Il y a trois accens; l'accent *aigu* (′), qui se place sur l'*é* fermé : *abrégé*, *générosité*, *piété*, *réalité*, *santé*, *sérénité*, *supériorité*, *témérité*, *variété*.

L'accent *grave* (‵), qui se met sur l'*é* ouvert : *père*, *mère*, *frère*, *accès*, *procès*, *succès*.

Et l'accent *circonflexe* (^), qui se pose sur les voyelles qui se prononcent longuement : *pâte*, *fête*, *gîte*, *trône*, *flûte*.

DES SIGNES
DE LA PONCTUATION.

La Ponctuation est l'art de placer dans l'écriture la *virgule*, les *points*, et *autres signes* qui indiquent, en lisant, le repos et les inflexions de la voix.

La virgule,............(,)
Le point et virgule,...(;)
Les deux points,......(:)
Le point,..............(.)
Le point admiratif,....(!)
Le point interrogatif,..(?)
L'apostrophe,..........(l')
Le trait d'union,......(-)
La cédille,............(ç)
Les guillemets,........(»)
Le tréma,..............(ë)
La parenthèse,........(( ))
L'astérisque,..........(*)
Les points suspensifs,...(....)
Le tiret,..............(—)

PRONONCIATION GÉNÉRALE DE DIVERSES SORTES DE MOTS.

DU JOUR.

Le jour est formé de vingt-quatre heures, et se divise en quatre parties: le *matin*, le *midi*, le *soir* et la *nuit*.

Les sept Jours de la Semaine.

Dimanche, Lundi, Mardi, Mercredi, Jeudi, Vendredi, et Samedi.

Les douze Mois de l'Année.

Janvier, Février, Mars, Avril, Mai, Juin, Juillet, Août, Septembre, Octobre, Novembre, et Décembre.

Les quatre Saisons.

Le Printemps, l'Été, l'Automne, et l'Hiver.

PREMIÈRE LECTURE.

LA PRIÈRE.

La Prière est une demande que nous adressons à Dieu pour qu'il nous fasse la grâce de nous accorder ce qui nous est nécessaire pour notre bien dans ce monde, et notre salut éternel.

Il faut réciter la Prière avec respect, recueillement, et piété.

Au Nom du Père, et du Fils, et du Saint-Esprit. Ainsi soit-il.

ACTE D'ADORATION ET D'AMOUR DE DIEU.

Mon Dieu, je vous adore, et je vous aime de tout mon cœur.

L'ORAISON DOMINICALE.

C'est notre divin Sauveur lui-même qui nous l'a enseignée.

Notre Père, qui êtes dans les Cieux, que votre Nom soit sanctifié; que votre règne arrive; que votre volonté soit faite en la Terre comme au Ciel. Donnez-nous aujourd'hui notre pain de chaque jour; et pardonnez-nous nos offenses comme nous pardonnons à ceux qui nous ont offensés; et ne nous laissez point succomber à la tentation; mais délivrez-nous du mal. Ainsi soit-il.

LA LECTURE PARFAITE.

Mes chers enfans,

Pour que votre lecture soit agréable, instructive et parfaite, prononcez bien les lettres, les syllabes et les mots.

Que votre prononciation soit toujours pure, distincte, intéressante et naturelle.

Lisez sans gêne, et sans affectation; mais avec goût, et avec aisance.

En lisant, ayez un maintien modeste, un air gracieux, un ton de voix expressif et soutenu.

Une voix sonore et flexible fait le charme de la lecture.

Variez le ton de votre lecture suivant les différens sujets que vous lisez; exprimez naturellement et avec facilité, la joie ou la tristesse, le courage ou la crainte, l'admiration ou le mépris, l'interrogation ou la réponse.

Que la noblesse et la pureté de vos paroles fassent connaître les divers sentimens de votre âme !

Lisez bien, lisez avec fruit.

C'est la bonne lecture, la lecture des bons livres, qui nous instruit de ce que la Religion a de plus sublime et de plus divin, de ce que les sciences et les arts ont de plus admirable et de plus précieux, de ce que l'agriculture et le commerce ont de plus agréable et de plus utile.

Enfin, lisez avec attention, et soyez vous-mêmes pénétrés de ce que vous lisez, pour que ceux qui vous écouteront profitent parfaitement de votre lecture.

CONDUITE CHRÉTIENNE.

MES CHERS ENFANS,

Souvenez-vous que vous avez des devoirs à remplir envers Dieu, envers le Prochain, et envers vous-mêmes.

Devoirs envers Dieu.

Dieu est un Esprit infiniment parfait. Il est le souverain Créateur de tout ce qui existe dans l'Univers.

Dieu a créé le Ciel et la Terre, toutes les Créatures visibles et invisibles.

Dieu est tout-puissant. Il a tout fait pour sa gloire et notre salut.

Vous devez l'adorer, l'aimer, le prier et le servir de toute la sincérité de votre âme.

Devoirs envers le Prochain.

Vos Pères et Mères, vos Frères et Sœurs, vos Parens, vos Amis, vos Ennemis même, enfin tous les Hommes en général sont votre Prochain.

Suivez cette belle et salutaire maxime:

« Ne faites point à votre Prochain
» ce que vous ne voudriez pas qui
» fût fait à vous-mêmes; mais aimez
» votre Prochain de tout votre
» cœur. »

Devoirs envers vous-mêmes.

Que votre conduite soit celle d'un Enfant vertueux. Pensez que Dieu est présent par-tout, qu'il connaît toutes vos actions, et qu'il voit jusqu'à vos plus secrètes pensées. Soyez toujours sages, et Dieu vous récompensera éternellement.

Elle vous apprend *le nom*, *la figure*, et *la valeur* des chiffres.

Le nom.	La figure et la valeur.	Le nom.	La figure et la valeur.
Un,	1.	Trente,	30.
Deux,	2.	Quarante,	40.
Trois,	3.	Cinquante,	50.
Quatre,	4.	Soixante,	60.
Cinq,	5.	Soixante-dix,	70.
Six,	6.	Quatre-vingts,	80.
Sept,	7.	Quatre-vingt-dix,	90.
Huit,	8.	Cent,	100.
Neuf,	9.	Deux cents,	200.
Dix,	10.	Trois cents,	300.
Onze,	11.	Quatre cents,	400.
Douze,	12.	Cinq cents,	500.
Treize,	13.	Six cents,	600.
Quatorze,	14.	Sept cents,	700.
Quinze,	15.	Huit cents,	800.
Seize,	16.	Neuf cents,	900.
Dix-sept,	17.	Mille,	1,000.
Dix-huit,	18.	Dix mille,	10,000.
Dix-neuf,	19.	Cent mille,	100,000.
Vingt,	20.	Million,	1,000,000.

FIN.

DIJON, IMPRIMERIE DE DOUILLIER.

www.ingramcontent.com/pod-product-compliance
Ingram Content Group UK Ltd.
Pitfield, Milton Keynes, MK11 3LW, UK
UKHW020458230726
13925UKWH00005B/2013

9 782014 111323